CATALOGUE

D'OBJETS D'ART

ET DE CURIOSITÉ,

de bronze, porcelaine, bijoux d'or et d'argent, en matière première, fourrures, porcelaines chinoises, verreries de Venise, émaux, miniatures, gravures et dessins,

FAISANT PARTIE DU CABINET

DE M. DEBRUGE DUMENIL,

DONT LA VENTE AURA LIEU, PAR SUITE DE SON DÉCÈS,

rue des Jeûneurs, 16,

HÔTEL DES VENTES (Salle n° 2),

Les Lundi 14, Mardi 15, Mercredi 16, Jeudi 17 et Vendredi 18 Décembre 1840, à midi et à six heures de relevée.

EXPOSITION PUBLIQUE,

Le Dimanche 13 du même mois, de midi à 4 heures.

Septième et dernière vente.

Se distribue, à Paris,

MM. BONNEFONS DE LA VIALLE, Commissaire-Priseur, rue de Choiseul, 11 ;

DUCROCQ, Commissaire-Priseur, rue des Bons-Enfants, 28;

ROUSSEL, Expert, quai Malaquais, 13.

à Londres,

TOWN et EMMANUEL, new Bond-Street, 103.

1840

IMPRIMERIE PANCKOUCKE
rue des Poitevins, 14.

CATALOGUE
D'OBJETS D'ART

ET DE CURIOSITÉ,

TELS QUE

Bois et Ivoires sculptés, de travail gothique ; Bijoux d'or et d'argent,
Objets en matières précieuses, Tabatières,
Curiosités chinoises, Verreries de Venise, Émaux, Miniatures,
Gravures et Dessins,

FAISANT PARTIE DU CABINET

DE M. DEBRUGE DUMENIL,

DONT LA VENTE AURA LIEU, PAR SUITE DE SON DÉCÈS,

rue des Jeûneurs, 16,

HÔTEL DES VENTES (Salle n° 2),

Les Lundi 14, Mardi 15, Mercredi 16, Jeudi 17
et Vendredi 18 Décembre 1840, à midi et à six heures de relevée.

EXPOSITION PUBLIQUE,

Le Dimanche 13 du même mois, de midi à 4 heures.

---

septième et dernière vente.

Se distribue, à Paris,

Chez MM. BONNEFONS DE LA VIALLE, Commissaire-Priseur, rue de
Choiseul, 11 ;
DUCROCQ, Commissaire-Priseur, rue des Bons-Enfants, 28 ;
ROUSSEL, Expert, quai Malaquais, 13.

à Londres,

TOWN et EMMANUEL, new Bond-Street, 103.

1840

ORDRE DE LA VENTE.

Les objets seront vendus dans l'ordre numérique dans lequel ils sont catalogués, vacation par vacation.

Les Acquéreurs payeront 5 pour 100 en sus des adjudications, applicables aux frais.

PARIS. — IMPRIMERIE PANCKOUCKE, RUE DES POITEVINS, 14.

CATALOGUE

D'OBJETS D'ART

ET DE CURIOSITÉ.

PREMIÈRE VACATION.

Lundi matin, 14 décembre.

Pierres gravées, bijoux, tabatières et objets divers.

1 — Trois pipes turques en terre rouge; fragments de figures en pierre de lard, etc.

2 — Fragments de figurines en corail.

3 — Lot de diverses pièces en ambre, dont plusieurs sont sculptées.

4 — Neuf pièces, plaques d'agate et marbres variés.

5 — Trente pièces, débris d'agate et autres matières.

6 — Sept plaques en écaille.

7 — Six plaques de verre avec arabesques dorées, et une petite plaque de marqueterie de cuivre et écaille.

8 — Dix plaques, agates, jaspe sanguin et autres.

9 — Dix *dito.*

10 — Une grande plaque d'agate mêlée de cristal.

11 — Dix-huit pièces, agates herborisées et cristaux irisés.

12 — Deux pièces sculptées en corail : une tête de Christ et une main.

13 — Six pièces en ambre, manches de couteaux, flacons et un petit chapeau orné de petits brillants.

14 — Une boîte et une râpe à tabac, en ambre sculpté.

15 — Quinze intailles sur calcédoine et cornaline.

16 — Dix camées et intailles sur cornaline et pâtes.

17 — Treize pièces, cornalines, calcédoines et pâtes gravées en creux.

18 — Onze pièces, intailles, cornalines, calcédoines et pâtes.

19 — Dix-sept cornalines intailles.

20 — Douze camées coquilles.

21 — Six camées en diverses matières.

22 — Deux camées agate : bustes de femme et d'homme.

23 — Douze intailles sur cornaline, jaspe et autres matières.

24 — Douze *dito.*

25 — Douze *dito.*

26 — Six *dito.*

27 — Quatre *dito,* sur cornaline, jaspe et lapis.

28 — Trois bustes en agate onyx.

29 — Sept pièces : bustes, têtes et divers fragments.

30 — Neuf pièces : scarabées et amulettes en diverses matières.

3ı — Six pièces : scarabées et canopes antiques en lapis et autres matières.

32 — Un buste de femme en agate onyx, un petit cachet avec buste de femme en agate onyx, et une petite tête en cornaline.

33 — Deux camées : l'un représente deux têtes d'empereurs, cornaline sur fond de cristal ; l'autre, le buste de Jupiter, sur agate mousseuse verte.

34 — Deux pièces : une figure d'applique en agate, avec cadre en ébène, et un camée coquille représentant un Amour.

35 — Deux camées agate : bustes d'homme et de femme.

36 — Quatre *dito*, sur agate et cornaline.

37 — Trois *dito*, sur cornaline.

38 — Quatre *dito*.

39 — Calcédoine orientale intaille, et un camée sur calcédoine, représentant une femme dans un char.

40 — Mars debout tenant une figurine dans la main droite, intaille sur cristal de roche jaune (topaze de Bohème), monture en or émaillé.

41 — Camée agate, représentant saint Georges terrassant le dragon, et un camée coquille du xvıᵉ siècle, représentant un combat.

42 — Camée agate : le buste de Sully ; monture en or émaillé.

43 — Médaillon ovale, en calcédoine, belle gravure en creux représentant un sujet tiré de l'histoire ancienne.

44 — Quatre camées agate, dont trois représentent
des bustes et l'autre des fleurs.

45 — Le buste de Jupiter, camée sur calcédoine d'Is-
lande.

46 — Grand camée, buste de femme, sur hyacinthe,
avec le nom de *Phinées*; travail du XVIe siècle.

47 — Deux camées agate ; l'un en bague, l'autre en
épingle, représentant une tête d'homme et
une figure égyptienne.

48 — Deux camées agate, bustes d'homme, montés
en bagues.

49 — Deux *dito*, dont un offre deux bustes sur la
même pierre.

50 — Camée agate, buste de guerrier, travail du
XVIe siècle.

51 — Buste de femme sur sardonyx orientale, monté
en bague.

52 — Offrande à l'Amour, peinture sur émail, dans
un cadre en argent formé par des branches
de fleurs.

53 — Cadre à miniature en filigrane d'argent, orné
de fleurs et de mascarons.

54 — Plusieurs petits cadres à miniatures en argent,
avec entourage en strass.

55 — Un flacon et un petit cadre à miniature en filigrane d'argent.

56 — Cuillère en argent, le manche est orné de mascarons; travail du XVIe siècle.

57 — Trois petits objets en argent, dont deux petites
cassolettes.

58 — Deux lorgnons en or, dont un est enrichi de
perles fines.

59 — Croix en cornaline, montée en or.

60 — Une paire de boucles d'oreilles en filigrane d'or.

61 — Porte-crayon en or émaillé.

62 — Une paire de boucles d'oreilles en coulé d'or sur écaille, et deux petits objets en or.

63 — Une paire de boucles d'oreilles en filigrane d'argent.

64 — Deux cassolettes en agate montées en argent.

65 — Joli petit coffret en filigrane d'or, travail indien d'une grande délicatesse.

66 — Une paire de boucles d'oreilles et une Sévigné, en grenat vermeil, montées en or.

67 — Robinet de fontaine formé par la tête d'un dauphin, en argent.

68 — Deux paires de boucles d'oreilles en filigrane d'or émaillé; l'une d'elles est enrichie de grenats.

69 — Épingle de tête en argent doré, ornée de perles fines.

70 — Tabatière ronde en écaille, doublée d'or; sur le couvercle, un camée agate : le portrait de Louis XV.

71 — Une Sévigné et une paire de boucles d'oreilles garnies de pierres.

72 — Petite boîte turque forme de giberne, destinée à contenir l'alcoran; elle est en or et enrichie de perles et d'émeraudes.

73 — Quatre petites pièces en argent : deux petits médaillons, une écrevisse et un colimaçon.

74 — Quatre *dito*, dont deux croix en filigrane.

75 — Une Sévigné et une paire de boucles d'oreilles en coulé d'or sur écaille, enrichies de rubis.

76 — Deux petits médaillons en or émaillé : l'un représente les trois Grâces sur fond de lapis; et l'autre, du temps de Louis XV, est enrichi de roses.

77 — Un collier et deux agrafes en grenat, montés en argent.

78 — Chapelet en corail, enrichi de petits grains, d'un médaillon et d'une croix en filigrane d'argent.

79 — Deux objets en argent doré : Hercule enfant étouffant les serpents, et un chapiteau corinthien.

80 — Quatre petites croix en or, dont une avec Christ enrichie de roses.

81 — Deux porte-crayons en or, dont un émaillé.

82 — Un petit violon et un petit fusil en argent.

83 — Deux boucles de jarretières en argent, avec entourage en chrysolithes, et un Saint-Esprit en argent orné de pierres.

84 — Un pendant d'oreille indien et un flacon suspendu à une chaîne; en argent.

85 — Deux objets en argent : une croix grecque et un médaillon.

86 — Trois pièces en argent, dont une petite théière et un crochet de châtelaine, plus un dragon en cuivre doré.

87 — Cinq pièces en argent, dont une paire de boucles d'oreilles en filigrane.

88 — Deux boîtes en argent, dont une avec figures repoussées, plus un flacon en filigrane de cuivre doré.

DEUXIÈME VACATION.

Lundi soir, 14 décembre.

Ivoires sculptés, bronzes et objets divers.

89 — Lot de petits cadres à miniatures, en cuivre doré et verni.

90 — Deux cadres à miniature en cuivre doré.

91 — Trois *dito*, dont un fracturé.

92 — Lot nombreux de verres à miniatures de formes variées.

93 — Lot de verroteries de diverses couleurs.

94 — Dix petites plaques carrées et ovales en cristal de roche.

95 — Deux grandes plaques carrées pour portraits, en cristal de roche.

96 — Trois tabatières : deux sont en ivoire garnies en argent, l'autre en nacre de perle.

97 — Trois boîtes : une est en bois de palmier, une autre en corne avec incrustations d'argent, et la troisième en lave verte.

98 — Deux tabatières : l'une en purpurine avec mosaïque, et l'autre en argent doré.

99 — Quatre cachets en cristal de roche taillé à facettes.

100 — Six pièces variées en cristal de roche, dont deux navettes.

101 — Quatre médaillons en cristal de roche, dont un est orné d'arabesques très-finement gravées.

102 — Onze pièces diverses en cristal de roche.

103 — Trois médaillons en cristal de roche, gravés : sainte Madeleine, le soleil et la lune.

104 — Quatre plaques en jade et une plaque en pâte de riz.

105 — Douze pièces variées en ambre sculpté.

106 — Seize médaillons en ambre, avec sujets divers gravés en creux.

107 — Vingt-sept pièces, débris de sculptures en ambre.

108 — Quatre plaques de lapis-lazuli d'une belle qualité.

109 — Six pièces diverses en lapis.

110 — Un petit couteau avec manche en lapis, deux onyx et divers débris en lapis.

111 — Deux plaques colorées en gomme élastique de la Chine, avec dessins à l'intérieur.

112 — Deux objets en cristal de roche, dont une petite coupe.

113 — Trois bobèches de flambeaux et une navette en cristal de roche.

114 — Cinq socles en cristal de roche.

115 — Seize pièces d'enfilage en cristal de roche, provenant de lustres.

116 — Six *dito*.

117 — Vingt-neuf *dito*.

118 — Nécessaire chinois très-curieux : la boîte, en bois de fer, contient neuf pièces en jade à divers usages ; le couvercle est orné d'une mosaïque en relief représentant des insectes et des fleurs exécutés en diverses matières.

119 — Lion en bronze florentin sur socle en brocatelle.

120 — Petite statue en marbre noir, représentant l'Afrique.

121 — Deux petites colonnes en rouge antique, garnies de bronzes dorés.

122 — Le buste de Voltaire, en bronze, sur socle en marbre blanc.

123 — Tête de chérubin en marbre blanc.

124 — Joli bronze italien, représentant une femme dévorée par des flammes.

125 — Petit coffret en bois de palissandre, avec incrustations de nacre de perle.

126 — Deux éventails en ivoire, sculptés, avec miniatures.

127 — Deux autres éventails : un en nacre et l'autre en ivoire.

128 — Une navette et une pomme de canne en ivoire, sculptées.

129 — Deux râpes à tabac en ivoire sculpté, dont une avec bas-relief représentant Jupiter et son aigle.

130 — Deux étuis : l'un en vernis noir à dessins blanc, l'autre en bambou sculpté; travail chinois.

131 — Deux râpes à tabac en ivoire sculpté.

132 — Trois pièces en bois sculpté : une cariatide, un chapiteau et un oiseau.

133 — Sept petits bas-reliefs représentant des têtes d'empereurs romains; au revers, des têtes de femmes; travail du XVIᵉ siècle, exécuté sur des noyaux d'abricots.

134 — Six petites pièces en bois sculpté, dont un petit miroir et un bas-relief : sainte Madeleine.

135 — Trois clefs anciennes en fer ciselé.

136 — Trois autres clefs en cuivre doré, dont une avec armoirie et chiffre.

137 — Étui de nécessaire en nacre de perle gravé, monté en cuivre doré.

138 — Étui en pouding, monté en or; le repoussoir est enrichi d'un diamant.

139 — Boîte à cure-dents en jaspe sanguin, monté en argent doré.

140 — Six couteaux dont les manches en écaille sont ornés d'appliques en argent.

141 — Petit nécessaire en cuir gaufré, contenant une cuillère, un couteau et une fourchette dont les manches sont en argent niellé.

142 — Quatre couteaux anciens, avec manches en agate orientale.

143 — Collier en coques de perle, avec entourage en marcassite et monture en argent.

144 — Tablier en verroterie, à l'usage des sauvages.

145 — Bonnet en soie brodé en argent.

146 — Deux sacs à tabac brodés en perles de Venise.

147 — Jolie parure chinoise en corail garni en or, composée d'un collier, deux bracelets et une paire de boucles d'oreilles.

148 — Six petites colonnes en lapis-lazuli, avec chapiteaux et embases en cuivre doré.

149 — Médaillon en cristal de roche, avec gravure représentant un saint personnage; avec étui en cuir gaufré.

150 — Deux étuis en porcelaine de Saxe, à bouquets de fleurs: l'un d'eux est garni en cuivre doré.

151 — Quatre petites figurines chinoises en porcelaine.

152 — Deux tabatières en porcelaine de Saxe : l'une montée en argent doré ; l'autre, non montée, est ornée de huit petits médaillons très-fins.

153 — Théière en faïence imitant un fruit chinois.

154 — Six flacons en cristal de Bohème, avec bouchons en écaille incrustés d'ornements en or.

155 — Petit coffret en fer gravé, travail du XVIe siècle.

156 — Autre coffret en cuivre, du même genre et de la même époque.

157 — Coffre à huit pans, en marqueterie de cuivre et étain.

158 — Boîte chinoise en étain, renfermant six boîtes à thé.

159 — Socle en ébène enrichi d'ornements en cuivre, du temps de Louis XV.

160 — Trois pièces en lave : un pot au lait, une poivrière et un mortier muni de son pilon.

161 — Trente-quatre pièces : débris de bas-reliefs en os.

162 — Douze pièces *dito*, en ivoire, dont un chapiteau et deux petites mains.

163 — Lot de graines d'Amérique, et sept boules rouges en gomme élastique de Russie.

164 — Deux plateaux chinois, avec galerie à jours en bois de fer, et fond de marbre blanc.

165 — Plat en albâtre avec arabesques dorées.

166 — Deux colonnes en albâtre colorée en rose.

TROISIÈME VACATION.

Mardi matin, 15 décembre.

Tabatières, objets en matières précieuses, objets chinois, etc.

167 — Huit cadres à miniatures ronds et ovales en cuivre, et six autres pièces en cuivre.

168 — Trois cadres en cuivre doré.

169 — Quatre *dito*, et un en fer.

170 — Cinq pièces en cuivre doré, dont trois cadres.

171 — Deux cadres en cuivre doré.

172 — Deux *dito* de forme ronde.

173 — Trois *dito* : deux sont en cuivre doré, et un en argent.

174 — Sept chapelets en matières diverses.

175 — Onze *dito* en émail, en ambre et autres matières.

176 — Trois colliers, dont un en bois de santal et deux en verroterie de Venise.

177 — Quatre colliers, dont deux en cornaline et un en grenat.

178 — Dix petites pièces en ivoire sculpté, nacre de perle, etc.

179 — Vingt-quatre pièces *dito*.

180 — Un râteau et une cuillère en ivoire pour le jeu.

181 — Quatre colliers, dont un en grenat et deux en onyx.

182 — Diverses pièces en ivoire sculpté.

183 — Un flacon en ivoire, avec bas-relief en coco : Adam et Ève; et une tabatière en porcelaine imitant un fruit chinois, montée en argent.

184 — Très-belle boîte chinoise en écaille, et une autre
boîte ou gourde sculptée.

185 — Boîte en vernis rouge de Martin, renfermant
deux petits pots à pommade en porcelaine, et
un petit coffret plaqué en argent, contenant
six petits flacons en ambre garnis en argent.

186 — Huit colonnes cannelées en ivoire, garnies en
cuivre.

187 — Un vase en ivoire, garni en cuivre, et deux colonnes en ivoire sculpté.

188 — Deux tabatières rondes en écaille blonde : l'une
d'elles est garnie en argent émaillé.

189 — Boîte carrée en émail, fond blanc à dessins d'or,
et une autre, forme de fruit ; toutes deux
garnies en argent.

190 — Deux tabatières : une en écaille avec bouquet de
fleurs incrusté en or et en argent ; l'autre de
Brunswick, avec miniature.

191 — Trois tabatières en écaille, de formes variées,
avec des incrustations en argent.

192 — Boîte en bronze tonkin, avec ornements d'argent en relief sur fond doré.

193 — Tabatière ronde en jade vert, garnie en argent
doré.

194 — Bonbonnière ronde en ivoire, décorée d'arabesques très-fines en relief.

195 — Boîte forme d'œuf, coulé d'or sur écaille, garnie en or.

196 — Boîte renfermant un couteau, une fourchette
et une cuillère, dont les manches sont en argent émaillé.

197 — Couteau, fourchette et cuillère en vermeil, avec
manches en fer damasquiné d'or.

198 — Deux boîtes en écaille : l'une, forme de navire, ornée d'un joli fixé d'après Vernet; l'autre, forme de sabot, est garnie en or.

199 — Deux tabatières : l'une, carrée en écaille, avec ornements posés d'or et d'argent; l'autre, ronde, en vernis de Martin, avec cercles d'or et portrait de femme.

200 — Deux colliers en lapis-lazuli, dont un taillé à facettes.

201 — Un livre de piété en allemand, avec couverture en argent découpée à jour sur velours noir.

202 — Vénus couchée, en bronze doré, avec draperies colorées.

203 — Isis allaitant Orus, bronze égyptien.

204 — Presse-papiers, formé par une figure chinoise en bronze laqué.

205 — Petit modèle d'armure en fer, du temps de Louis XIII.

206 — Quatre petits amours en bronze doré.

207 — Deux petits modèles d'armures anciennes en fer.

208 — Deux petits présentoirs formés par des figurines en bronze, dont une a les vêtements colorés.

209 — Un personnage assis sur un cerf, bronze chinois.

210 — Coffret à couvercle cintré, en bois sculpté et découpé à jour.

211 — Diptyque gothique, en bois sculpté, représentant l'arbre généalogique du Christ et de la Vierge, bas-reliefs composés de soixante-quatorze figures, découpés à jour sur fond rouge.

212 — Petite coupe en bois, travail de tour, du xvie siècle, avec anses en or.

2i3 — Gaine de couteaux en bois sculpté, offrant
vingt-quatre petits bas-reliefs, sujets tirés de
l'histoire sainte.

2i4 — Peigne gothique en bois sculpté.

2i5 — Belle croix grecque en bois sculpté, offrant
douze petits bas-reliefs très-délicats, sujets
tirés de la vie de Jésus-Christ et les douze
apôtres.

2i6 — Une mesure de cordonnier, en bois et ivoire
gravé, portant la date de 1624; et une anne
en bois incrusté d'arabesques en cuivre et
argent.

2i7 — Le portrait de Calvin, en pierre calcaire grise,
et une petite figure en bois.

2i8 — Un gobelet de chasseur, en corne sculptée, avec
un sujet de chasse, et un groupe de trois figures en bois portant une coupe.

2i9 — Deux petits cadres en porcelaine de Saxe, ornés
de fleurs en relief.

220 — Deux bas-reliefs en bois sculpté.

221 — Peinture sur coquille, représentant une bataille
d'Alexandre.

222 — Émail gothique dans un cadre en bois d'ébène,
enrichi de plaques de lapis et de jaspe jaune.

223 — Plaque carré-long, émail italien du xve siècle,
sujet de piété, dans un cadre en lapis.

224 — Un cornet de fumeur écossais, en corne, garni
en argent et enrichi de pierres fines.

225 — Deux figures en costume du temps de Henri III,
en argent, appliquées sur du bois de palmier.

226 — Deux petits bas-reliefs en bois sculpté.

Deux vases fragmentés, en ivoire sculpté.

228 — Miniature indienne, portrait de femme, et un bas-relief en corne fondue et coloriée.

229 — Huit médaillons ronds en porcelaine, représentant des portraits d'hommes célèbres.

230 — Un petit fronton de cadre en bronze florentin.

231 — Quatre médaillons de tapisserie brodée en fin, représentant des sujets de sainteté.

232 — Espèce de sceptre en ivoire et bois, travail de tour.

233 — Divinité indienne, en bronze doré, dans sa boîte en bois de fer.

234 — Groupe de figures en ivoire : saint Jean-Baptiste et les apôtres.

235 — Beau socle chinois en bois de fer, découpé à jour.

236 — Jolie petite console en bois sculpté, ornée de guirlandes de fleurs et d'arabesques, d'une belle exécution.

237 — Deux pieds d'ostensoirs gothiques en cuivre doré.

238 — Deux petits vases et une burette en verre de Venise, blancs avec ornements bleus.

239 — Grand vase à deux anses, en verre blanc avec ornements bleus, et un verre forme d'entonnoir à filigrane blanc.

240 — Trois petits bols à côtes, verre émaillé et doré.

241 — Trois tasses à deux anses, verre gaufré, bordures bleues et jaunes à filets; plus, une petite coupe.

242 — Trois petites coupes en verre blanc très-léger.

243 — Pot au lait et tasse à deux anses en verre opaque moucheté, et un flacon en verre aventuriné.

244 — Pot à eau en verre blanc, l'anse est en cuivre
doré; une bouteille à long col et un petit bo-
cal à filets blancs.

245 — Trois coupes en verre blanc, très-légers et de
formes variées.

246 — Coupe à deux anses, un flacon à filigrane blanc,
et un flacon en verre bleu.

247 — Deux verres de formes évasées, à filets blancs,
les pieds sont ornés de mascarons dorés.

248 — Une tasse et un petit bol en verre couleur sardoine, et un petit vase en verre bleu à côtes.

249 — Une petite burette et un verre à filigrane blanc,
et un petit verre à filets blancs et mascarons.

250 — Trois verres de formes bizarres.

251 — Un bol et une coupe à filets blancs, et un petit
vase à deux anses avec peinture.

QUATRIÈME VACATION.

Mardi soir, 15 décembre.

Objets divers.

252 — Lot de petits socles en bois noir, et une boîte a
compartiments.

253 — Cinq socles en bois d'ébène et en bois de fer.

254 — Une chaîne et divers petits piédouches en cuivre.

255 — Deux serrures anciennes très-ouvragées.

256 — Quatorze pièces variées en cuivre doré.

257 — Onze pièces en bronze et en cuivre doré.

258 — Lot de diverses pièces en cuivre doré, dont une
poignée d'épée et un bras de candelabre.

259 — Trois socles en cuivre doré, un rocaille et deux du temps de Louis XV.

260 — Trois pommes de cannes anciennes en cuivre doré.

261 — Cinq pièces variées en cuivre doré, dont deux sphinx et une croix.

262 — Quatre plaques gothiques en cuivre, gravées, représentant des saints.

263 — Deux bas-reliefs en fer repoussé et damasquiné d'or, et un socle en cuivre avec ornements découpés à jour.

264 — Cinq pièces variées en verrerie de Venise.

265 — Deux burettes zonées de blanc, et un flacon en verre jaune avec bouchon en étain.

266 — Quatre pièces de verrerie : deux coupes et deux bouteilles.

267 — Quatre *dito*, dont une burette et un flacon en verre blanc.

268 — Quatre *dito*, dont un gobelet à pans avec armoirie émaillée, et un gobelet gravé.

269 — Trois *dito*, un biberon avec ornements bleus, une salière à dauphin, etc.

270 — Trois verres à pied élevé, très-légers et unis.

271 — Une burette ornée de mascarons, un gobelet orné de fleurs et de mascarons, et un petit pot à zones blanches.

272 — Deux flacons à filigrane blanc.

273 — Cinq pièces de verrerie, dont deux salières forme de chapeau à trois cornes.

274 — Deux coupes, l'une à filigrane blanc, l'autre avec anses bleues.

275 — Cinq pièces de verrerie, dont un flacon moucheté d'aventurine.

276 — Deux coupes ornées de bordures émaillées sur
fond doré.

277 — Trois coupes, dont une à filigrane blanc.

278 — Une grande coupe, avec bordure émaillée et
dorée.

279 — Figure chinoise en pierre de lard blanche, avec
ornements gravés et dorés.

280 — Deux cachets chinois en pierre de lard, surmontés de chimères.

281 — Théière chinoise en marbre blanc, un gobelet,
une bouteille et une clochette en pâte de riz.

282 — Quatre magots en pierre de lard.

283 — Quatre figures chinoises en faïence, et une en
albâtre.

284 — Deux chinois en pierre de lard verdâtre.

285 — Groupe d'animaux en pierre de lard verdâtre.

286 — Deux petites coupes chinoises de forme carrée,
en pierre de lard blanche, avec ornements
gravés.

287 — Une cuiller en agate orientale, et une salière en
agate d'Allemagne.

288 — Tasse et soucoupe en cristal de roche, traversées
par une veine d'agate.

289 — Petite dague en cristal de roche avec virole en
or enrichie de rubis.

290 — Petite coupe en agate orientale, et une boîte en
lapis-lazuli.

291 — Deux petits vases lacrymatoires en agate orientale.

292 — Boule en cristal de roche, à l'usage des Orien-

taux; au centre est pratiquée une ouverture qui la traverse; elle est garnie en or émaillé et paraît destinée à contenir des odeurs.

293 — Manche de poignard en jaspe noir incrusté d'arabesques très-délicates exécutées en jaspe de couleur claire.

294 — Deux présentoirs en émail de Chine, fond jaune à dessins de couleurs variées, et une salière en émail de Chine.

295 — Un petit flacon chinois à double panse et deux goulots, et une boîte en émail, fond jaune, à fleurs de couleurs variées.

296 — Trois pièces : une boîte forme de papillon, en pierre de lard rouge; une cassolette en pierre de lard blanche découpée à jour, et un disque en madrépore, sur pied en bois de fer.

297 — Deux plaques de ceintures chinoises, en jade verdâtre, ornées de dessins découpés à jour.

298 — Deux plaques en vernis de Martin, imitant le laque du Japon.

299 — Un étui à ciseaux en laque du Japon, garni en or, et une navette en laque burgauté.

300 — Petite cassolette contenant des fruits, en filigrane d'argent émaillé; travail chinois très-délicat.

301 — Quatre boîtes de formes variées, en laque de Chine, fond noir à dessins d'or.

302 — Boîte ronde en laque rouge sculpté.

303 — Grande boîte de forme contournée, en laque de Chine; elle contient un plateau et neuf petites boîtes de diverses formes.

3o4 — Petite pagode chinoise, en bois sculpté, dans sa
boîte en laque noir.

3o5 — Quatre petites boîtes en vieux laque du Japon,
noir et or.

3o6 — Un petit vase et quatre petites boîtes rondes en
laque noir et rouge.

3o7 — Une boîte en laque noir à dessins d'or, garnie
en cuivre doré ; une tasse et sa soucoupe en
laque rouge, et un petit vase en laque noir.

3o8 — Six pièces en laque, dont un petit plateau avec
incrustations en pierre de lard, et deux petits
vases à eau en bronze.

3o9 — Boîte chinoise de forme carrée, en nacre de
perle, sculpté.

31o — Plateau rond sur trois pieds, en laque du Japon noir et rouge à dessins d'or.

311 — Trois pièces en laque : deux socles et une plaque
fond noir à dessins d'or.

312 — Six tasses et sept soucoupes en porcelaine de
Chine, très-belle qualité, à dessins d'or.

313 — Deux salières à trois compartiments avec couvercle tournant, et trois salières simples en
porcelaine de Chine.

314 — Quatre petites théières et un plateau en porcelaine de Chine, fond blanc à fleurs.

315 — Une théière fond brun, à personnages, et quatre salières rondes fond blanc, à dessins de
fleurs ; porcelaine de Chine.

316 — Six pièces en porcelaine de Chine, dont un chat
couleur turquoise.

317 — Deux petits poussas en porcelaine blanche de
Chine.

3i8 — Deux tasses avec leurs soucoupes et présentoirs, porcelaine de Chine fond blanc, décoré
d'insectes et de fleurs.

3i9 — Une théière, six tasses et leurs soucoupes, porcelaine de Chine fond blanc à dessins bleus.

32o — Poussa en porcelaine blanche de Chine.

32i — Deux pièces en porcelaine de Chine : une bouteille forme baril, et une tasse contenant une
petite figure.

322 — Deux brûle-parfums en biscuit de Wedgwood,
avec ornements bleus en relief.

323 — Deux corbeilles en porcelaine de Chine.

324 — Modèle de banc chinois, en porcelaine, qualité
ancienne.

325 — Un houka en porcelaine de Sèvres, fond brun
et or.

326 — Trois pièces en verre de diverses qualités.

CINQUIÈME VACATION.

Mercredi matin, 16 décembre.

Verreries de Venise, objets chinois et autres.

327 — Lot nombreux d'objets variés, dont seize petits
supports en bois de citron découpés à jour.

328 — *dito*, dont deux pièces en cuivre doré et repoussé.

329 — *dito*, dont un tableau et un panier à trois étages
en vannerie de bambou.

33o — Deux rochers et un lion en pierre de lard de
la Chine.

33r — Un encrier en laque aventuriné, et une petite
boite en soie de la Chine.

33₂ — Petite montre destinée à mettre des pierres
fines, et une boîte à compartiments.

333 — Deux chimères en porcelaine de Chine, et un
cheval en pierre de lard noire.

334 — Six soucoupes en laque de Chine, fond noir,
à dessins d'or; une balance chinoise, cinq
cuillers en bambou laqué, et un peigne de
sauvage en bois.

335 — Deux boîtes en ancien blanc de Chine, avec
dessins en relief, et un sucrier carré en
faïence.

336 — Cabinet chinois muni de tiroirs, en bois rouge,
garni de cuivres.

33₇ — Deux boîtes à couvercles cintrés, en laque de
Chine à dessins d'or sur fond noir, garnies
de cuivres.

338 — Deux corbeilles en vannerie laque du Japon.

339 — Trois pièces, dont une balance chinoise, et le
modèle en plâtre d'un pied de femme chinoise avec sa chaussure.

34o — Sept volumes imprimés en langue chinoise,
ornés de figures.

34r — Pupitre en vieux laque du Japon, fond noir à
dessins d'or en relief, garni en cuivre doré.

34₂ — Une paire de flambeaux en laque de Chine,
fond noir, à dessins d'or.

343 — Une boîte, un petit plateau et un brûle-parfums en laque.

344 — Trois pièces en pierre de lard : un Chinois,
une petite coupe et fruits.

345 — Cinq pièces en laque de différentes qualités.

346 — Trois chinois en pierre de lard, et un en porcelaine.

347 — Un pitong en bambou sculpté, et un étui en laque burgauté.

348 — Mendiant chinois en pierre de lard verdâtre, et une divinité péruvienne en pierre jadienne, sur socle en caillou de Rennes.

349 — Petite corne de rhinocéros polie, et deux boîtes en laque, dont une rouge et une garnie en cuivre.

350 — Quatre objets chinois, dont deux buffles, l'un en porcelaine et l'autre en pierre de lard.

351 — Quatre boîtes à thé en laque aventuriné, garnies en étain.

352 — Six bouquets chinois, en plumes d'oiseaux dans des boîtes garnies en soie.

353 — Un plateau forme de feuille en laque du Japon, et un porte-chapeau chinois en bois de fer, garnis de plaques de pastilles odoriférantes.

354 — Quatre objets chinois, dont une bouteille en ancien blanc, une coupe en pâte de riz, et un plateau en laque.

355 — Quatre boîtes en vieux laque, dont une noir et trois fond or.

356 — Une boîte en laque rouge sculpté, une autre à trois étages en laque fond or, et un petit socle.

357 — Boîte à parfums en laque noir à dessins d'or, belle qualité, et une boîte en laque aventuriné.

358 — Un pied et une boîte ronde en laque noire et
     or, et un étui d'éventail en écaille laquée.

359 — Deux rouleaux, manuscrits chinois en carac-
     tères rouges.

360 — Deux plateaux, l'un de forme ronde et l'autre
     carrée; ils sont garnis en bois des îles.

361 — Boîte à thé chinoise à huit pans, en nacre de
     perle gravée et découpée à jour.

362 — Deux théières en terre de Bocaro, imitant des
     faisceaux de bambou; l'une d'elles, à double
     fond, est découpée à jours.

363 — Quatre plateaux, dont deux en laque bur-
     gauté, et un en vernis de Martin.

364 — Une boîte en laque rouge sculpté, représentant
     des fruits et des fleurs.

365 — Petite pagode chinoise en bois sculpté, dans sa
     boîte en laque noir, fermant à deux vantaux.

367 — Cinq pièces, dont une tête d'aigle en calcé-
     doine, une coupe et un fruit en pierre de
     lard, etc.

368 — Deux soucoupes et deux boîtes rondes en laque
     noir et rouge.

369 — Cinq pièces en laque, dont trois plateaux.

370 — Deux boîtes *dito*.

371 — Deux vases en pâte de riz, avec bouquets de
     fleurs et pied en bois de fer, et deux autres
     objets chinois.

372 — Six objets chinois, dont une coupe en pâte de riz;
     deux fruits en nacre de perle sculptée, etc.

373 — Un plat à barbe en laque burgauté, d'une très-
     belle qualité.

374 — Boîte forme lozange, laque aventuriné à dessins d'or.

375 — Quatre pièces, dont une cuiller et une fourchette, dont les manches sont en ambre; une boîte en laque et un presse-papier chinois en pierre schisteuse sculptée.

376 — Boîte à couverts en laque fond noir à dessins d'or, garnie en argent.

377 — Deux boîtes en laque, dont une carrée, renfermant un plateau et quatre petites boîtes forme d'éventail.

378 — Six plaques ovales en cuivre laqué, avec portraits de souverains d'Allemagne, travail japonnais fait d'après des dessins européens.

379 — Six autres portraits semblables.

380 — Six *dito*.

381 — Sept *dito*.

382 — Deux théières en terre de Bocaro, l'une brune et l'autre rouge, garnies en cuivre.

383 — Six pièces, dont trois en terre de Bocaro, deux en porcelaine craquelée, et une en terre du Pérou.

384 — Six petits vitraux ronds; deux sont fracturés.

385 — Deux vases grecs en terre; l'un a la forme d'un cochon, et un fragment de figure égyptienne; les yeux sont en or.

386 — Un plateau carré, et une corbeille en porcelaine.

387 — Trois douzaines d'assiettes et deux compotiers en porcelaine de Chine, avec armoiries à dessins d'or.

388 — Une douzaine d'assiettes porcelaine de Chine, avec armoiries.

389 — Dix-huit assiettes porcelaine de Sèvres à bouquets de fleurs.

390 — Deux douzaines d'assiettes porcelaine de Chine à fleurs.

391 — Dix-neuf assiettes dépareillées en porcelaine de Chine.

392 — Huit compotiers à dessins variés, *dito.*

393 — Huit *dito* *dito.*

394 — Deux boules de table, et deux plats en porcelaine de Chine.

395 — Sept assiettes, un compotier et un bol en porcelaine de Chine.

396 — Un grand bol, un petit compotier porcelaine céladon, et un petit bol en porcelaine noire.

397 — Quatre vitraux grisailles de forme ronde.

398 — Deux vitraux suisses coloriés, avec date de 1590 et 1644.

399 — Quatre tasses de Chine, fond brun, à dessins rouges; deux soucoupes bleues et une tasse à couvercle et soucoupe fond blanc à dessins de couleurs.

400 — Six tasses et leurs soucoupes à dessins de fleurs et bordure bleues.

401 — Six petites tasses et leurs soucoupes à dessins coloriés.

402 — Huit tasses de forme conique, entrant les unes dans les autres, avec plateau; porcelaine de Chine.

403 — Cinq tasses et leurs soucoupes, forme éventail, *dito.*

404 — Cinq tasses et soucoupes à fleurs, *dito.*

405 — Six *dito*, ornées de personnages, *dito.*

406 — Deux bouteilles et une coupe en verre de
Venise.

407 — Deux verres à vin de Champagne, un est orné
d'un bouquet de fleurs émaillé.

408 — Un verre forme calice avec couvercle, et une
petite coupe à pied élevé, verre blanc.

409 — Vase à couvercle orné de mascarons, et un
verre en verre blanc.

410 — Deux coupes, l'une à filigrane blanc et l'autre
à filigrane de couleur.

411 — Coupe à côtes et pied élevé, ornée de filets
bleus, et une boule en verre gravé, à filets
blancs.

412 — Une petite burette en verre vert, avec ornements dorés; un flacon aventuriné, et une
salière dorée.

413 — Trois coupes en verre de diverses couleurs, et
une salière bleue.

414 — Trois gobelets et une salière en verre de couleurs variées.

415 — Pot à eau et deux coupes en verre gaufré.

SIXIÈME VACATION.

Mercredi soir, 16 décembre.

416 — Cinq cadres en bois.

417 — Quinze petits cadres en bois doré.

418 — Quatre *dito*, en marqueterie et écaille, dont
deux cadres de miroir.

419 — Cinq petits cadres sculptés, dont plusieurs sont
dorés.

420 — Seize socles en bois noir et en bois doré.

421 — Vingt-quatre socles en marbre de diverses qualités.

422 — Vingt-six *dito*.

423 — Onze fûts de colonnes de différents marbres.

424 — Huit piédestaux en marbre.

426 — Neuf petites bornes en porphyre rouge et vert
oriental.

427 — Cinq pièces en marbre, dont un encrier et une
sphère.

428 — Huit pièces en marbre, dont deux pyramides.

429 — Dix-sept socles en porphyre de diverses qualités.

430 — Huit pièces, fûts de colonnes, plinthes et piédestaux de différents marbres.

431 — Trois cadres, dont un en écaille et un en bois
avec ornements de cuivre.

432 — Cadre en ébène avec ornements d'applique en
cuivre doré.

433 — Petite boîte à bijoux, plaquée en écaille rouge,
avec châssis en cuivre doré et ornements
rocailles.

434 — Deux cadres en bois d'ébène, ornés d'appliques
en argent.

435 — Grand cadre en bois sculpté, du temps de
Louis XIII.

436 — Cadre en bois sculpté, de forme contournée et
orné de mascarons.

437 — Deux cadres, l'un en ébène avec moulures guil-
lochées, l'autre en bois sculpté.

438 — Sept pièces diverses en bronze, dont deux petits
vases et des socles.

439 — Grand couteau allemand, le manche en corne
de cerf gravé; il est muni de trois lames et
d'une scie.

440 — Quatre pièces : une petite figure en dent de
vache marine, un cornet en ivoire, une griffe
de lion, etc.

441 — Quatre pièces : une nasale de casque du xvi° siècle, en acier ciselé; deux pommeaux d'épée
en fer ciselé, et une épingle de tête, chinoise.

442 — Un petit villebrequin en fer ciselé, portant la
date de 1619.

443 — Deux petits plateaux en ivoire, guillochés, et
une râpe à tabac en ivoire avec sujets gravés
et coloriés.

444 — Trois objets en ivoire : deux fûts de colonnes et
une petite corbeille.

445 — Une poignée d'épée damasquinée d'or et d'argent, et un fer de lance orientale, avec arabesques damasquinées d'or.

446 — Deux objets en fer, dont un instrument de tor-
ture.

447 — Deux poignards en fer, dont un à lame can-
nelée.

448 — Quatre figurines d'empereurs romains, en bois
sculpté.

449 — Une boule à brûler des parfums, en cuivre ciselé et découpé à jour; une petite serrure;
deux clefs et un pommeau de porte, en fer.

450 — Une serrure ancienne avec deux clefs.

451 — Autre serrure du xvie siècle, avec sa clef découpée à jour.

452 — Poire à poudre en ivoire, du temps de Louis XIII, garnie en fer ciselé et doré.

453 — Une petite boîte imitant une corbeille de fruits, en ivoire, et une poivrière en ivoire gravé, avec devises.

454 — Petit monument égyptien en ivoire, avec scarabée en or, cinq petites divinités en terre émaillée et une en lapis.

455 — Huit petites divinités égyptiennes : trois sont en lapis et cinq en terre émaillée.

456 — Deux figurines en ivoire et deux en bois.

457 — Quatre pièces en ivoire sculpté, dont deux sifflets surmontés chacun d'une petite figurine en ivoire.

458 — Deux petites figurines en ivoire : la Tireuse et le Tireur d'épines.

459 — Poire d'amorce indienne en ivoire sculpté, montée en argent ciselé.

460 — Trois pièces : deux figurines en ivoire et un dauphin en coquillage.

461 — Deux bustes en ivoire : Voltaire et Rousseau.

462 — Jolie petite figurine en bois sculpté : l'Enfant Jésus.

463 — Casse-tête chinois avec sa boîte en ivoire; les pièces sont découpées à jour et sculptées.

464 — Trois pièces en ivoire : une Mendiante et ses enfants, saint Michel, et un petit buste d'enfant.

465 — Deux pièces en ivoire : une râpe à tabac ayant

la forme d'un violon et un étui de nécessaire,
sculpté et gravé.

466 — Ombrelle garnie en soie verte; le manche, en
ivoire sculpté, est de travail chinois.

467 — Deux pipes chinoises en métal, avec leurs tuyaux,
l'un en bambou et l'autre burgauté.

468 — Un chasse-mouche et un plumeau en ivoire
sculpté, l'un de travail indien et l'autre de
travail chinois.

469 — Socle en marbre blanc, orné d'un bas-relief représentant un enfant sur un lion, exécuté
sur marbre bleu turquin.

470 — Deux bas-reliefs en ivoire, représentant des
faunes tenant des raisins et des cymbales.

471 — Deux autres bas-reliefs en ivoire : Apollon et
un faune portant un mouton.

472 — Deux bas-reliefs en fer repoussé et damasquiné
d'or, dont un représente Hercule et Antée.

473 — Deux autres bas-reliefs en fer repoussé, damasquiné d'or et d'argent.

474 — Deux autres bas-reliefs du même genre.

475 — Grand olifan gothique en ivoire sculpté.

476 — Trois petites assiettes en étain, avec arabesques
en relief, et des électeurs d'Allemagne.

477 — Trois autres assiettes du même genre.

478 — Trois *dito* : sur l'une d'elles est représenté le
Christ et ses Apôtres.

479 — Bas-relief en ivoire.

480 — Deux bas-reliefs en ivoire : le Dévouement de
Curtius et le Passage du Tibre.

481 — Deux *dito*, représentant l'un le Christ por-

tant la croix, et l'autre Hercule filant pour Omphale.

482 — Trois *dito*, un jeune berger, Saturne et une offrande à Priape.

483 — Trois portraits, bas-reliefs en ivoire, dont celui de Platon.

484 — Les douze empereurs romains, bas-reliefs en ivoire.

485 — Le buste de Louis XIV, bas-relief en ivoire, avec cadre en bois des îles.

486 — Deux bas-reliefs en bronze doré: l'un, de style gothique, représente la Circoncision; l'autre Neptune et Amphitrite sur des dauphins.

487 — Bas-relief en cuivre repoussé représentant la Cène.

488 — Deux plats en faïence : l'un de fabrique italienne et l'autre de Bernard Palissy.

489 — Deux objets, l'un en ivoire sculpté et découpé à jour, travail de l'Inde; l'autre est une plaque de cuivre, sur laquelle sont les empreintes des différentes marques des armuriers de Tolède.

490 — Coupe sur piédouche en bois sculpté, avec écusson à fleurs de lis.

491 — Trois pièces : une mosaïque ancienne, buste d'homme; une peinture chinoise sur soie, et un bas-relief en terre cuite.

492 — Deux bas-reliefs en écaille à fond doré : le Coucher de la mariée et l'Accouchement.

493 — Deux bas-reliefs : l'un en ivoire avec cadre en fer; l'autre en cuivre, représentant une scène flamande.

494 — Cinq pièces en bois sculpté, dont quatre buste
et une râpe à tabac.

495 — Cinq pièces, dont deux vases chinois en bronze,
une gibecière indienne en métal blanc imitant l'argent, etc.

496 — Quatre pièces : deux boules en bois avec
incrustations de cuivre, une figurine en
ivoire, etc.

SEPTIÈME VACATION.

Jeudi matin, 17 décembre.

Bijoux, pierres fines, objets en matières précieuses, etc.

497 — Vingt-quatre socles chinois en différents bois,
la plupart sont sculptés.

498 — Lot de socles et de débris en cuivre.

499 — *Dito*, de cuivres dorés.

500 — Vingt et un morceaux de laque de diverses
qualités.

501 — Un petit plateau à huit pans, en laque aventuriné, et divers débris de laque.

502 — Un bracelet indien en cuivre, deux sphinx en
bronze doré, un petit buste de Minerve en
bronze, et divers autres objets.

503 — Neuf pièces diverses, dont plusieurs médaillons
en cuivre doré.

504 — Six clefs anciennes en fer ciselé et une entrée
de serrure en cuivre.

505 — Un lot de perles baroques.

506 — Un lot composé de diverses pierres fines, lapis, émeraudes, etc.

507 — Un lot de rubis, dont cinq sont montés.

508 — Cinq perles baroques.

509 — Deux gros saphirs d'Orient percés.

510 — Vingt-quatre grosses perles de diverses couleurs, la plupart montées en or émaillé.

511 — Quatre grenats cabochons.

512 — Un lot de perles fines.

513 — Un lot de roses.

514 — Divers débris d'or.

515 — *Dito* d'argent.

516 — Trois chaînes, dont une mexicaine, en argent.

517 — Une chaîne, une broche et une bague mexicaine en or, plus un collier en argent.

518 — Trente boules de chapelet en filigrane d'argent, et un lot de grains estampés en argent, etc.

519 — Dix boules de chapelet en argent repoussé; une Sévigné, et un nœud en argent émaillé.

520 — Cinq pièces en argent émaillé; deux perles baroques montées, et trente-cinq petits clous émaillés.

521 — Dix-huit pièces en filigrane d'argent de la Chine, dont quelques-unes sont émaillées.

522 — Neuf pièces, filigrane d'argent émaillé, provenant de la garniture d'un livre.

523 — Six médaillons en or estampé, du temps de Louis XV.

524 — Quatre petits objets en argent doré, dont un saint Georges, plus deux décorations en cuivre émaillé.

525 — Six petits objets en or, dont un médaillon renfermant un portrait.

526 — Deux paires de boucles d'oreilles en filigrane
d'or avec améthystes.

527 — Trois objets en or émaillé, dont un cercle enrichi de rubis.

528 — Un lot de petits cadres et de petits ornements
en marcassite et jargon, et quelques petites
rosaces en or émaillé.

529 — Deux piédestaux à griffes de lion et moulures
riches, en argent doré.

530 — Nécessaire du temps de Louis XV, en argent
repoussé, et un souvenir en argent gravé et
doré.

531 — Petite figurine en or émaillé, représentant un
capucin.

532 — Une tabatière en lapis, dans sa double boîte
en filigrane d'argent, et une boîte en filigrane d'argent de la Chine.

533 — Gobelet allemand en argent, orné d'arabesques
et d'inscriptions gravées.

534 — Deux médailles en argent, dont une est dorée
et représente l'Adoration des Mages; elle
porte la date de 1578.

535 — Deux grandes médailles en argent, dont une
représente les frères de Witt, l'autre des mi-
neurs.

536 — Petit coffret à couvercle cintré et orné de médaillons avec arabesques.

537 — Reliquaire en cristal de roche monté en argent
doré.

538 — Bas-relief en argent doré, représentant la Vierge

et l'Enfant Jésus; plus une salière allemande en argent doré.

539 — Écritoire turque en argent ciselé et niellé.

540 — Cassolette représentant un fruit de la Chine, en argent doré, avec feuillages en filigrane d'argent.

541 — Deux boîtes avec arabesques en argent émaillé, appliquées sur fond doré.

542 — Une chaîne en argent avec plaque et agrafe ciselées, travail du XVIᵉ siècle.

543 — Trente-trois jetons en argent sur lesquels sont gravés des portraits de rois et de reines d'Angleterre, avec des armoiries; ils sont contenus dans une boîte en argent doré, découpée à jour.

544 — Petite tourelle de style oriental, en argent.

545 — Coquetier en cristal nébuleux, monté en or, et une grosse boule en filigrane d'argent.

546 — Souvenir avec calendrier perpétuel, en argent très-finement gravé.

547 — Petit bas-relief en argent, représentant un combat de cavalerie, ouvrage du XVIᵉ siècle, dans un cadre en terre cuite très-ouvragé.

548 — Trois bagues d'or garnies chacune d'une pierre labrador, pierre de lune et cristal accidenté.

549 — Trois *dito*, avec émeraude, rubis et grenat.

550 — Deux *dito*, en argent, avec rubis et roses.

551 — Trois *dito*: rubis, émeraude, roses et une calcédoine anhydre.

552 — Deux *dito*: une en platine avec calcédoine gravée en creux, et l'autre antique en or; le chaton est gravé en creux.

553 — Trois *dito*, en or, dont une est entièrement garnie de turquoises.

554 — Trois *dito*, avec turquoises, améthyste gravée et une émaillée enrichie de deux roses.

555 — Montre en or à répétition : la boîte et la chaîne sont garnies de plaques de lapis-lazuli de la plus belle qualité.

556 — Couteau, fourchette et cuillère garnis en argent avec manches en corail.

557 — Montre à secondes, en argent, du nom de Hawley de Londres.

558 — *Dito*, en acier, ornée d'appliques en or; dans sa double boîte en galuchat garnie en or.

559 — *Dito*, en argent, de Thos. Romer, à Londres.

560 — *Dito*, en or, à répétition, avec double boîte en galuchat.

561 — *Dito*, anglaise, à répétition, avec double boîte en argent.

562 — *Dito*, petite et à répétition, en or émaillé.

563 — Petite boîte suspendue à une chaîne, en argent ciselé : ouvrage de l'Inde.

564 — Petit modèle de rouet en acier, sous cage garnie en cuivre.

565 — Petite coupe en agate d'Allemagne, garnie en argent doré et ciselée.

566 — Deux coupes : l'une en jaspe sanguin sur pié-douche en cuivre doré; l'autre en serpentine montée en argent doré, avec entourage de turquoises et grenats.

567 — Tabatière ovale en silex gris, avec ornements travaillés en relief; du temps de Louis XV.

568 — Coupe en agate orientale montée en argent doré,
et une soucoupe non montée.

569 — Coupe en agate d'Allemagne, supportée par
une figurine en argent doré.

570 — Coupe et sa soucoupe en agate orientale.

571 — Vase de forme cylindrique en jade vert, avec
garniture en argent doré enrichie de grenats.

572 — Quatre petits présentoirs ou porte-coupes à
l'usage des Orientaux, en filigrane d'argent.

573 — Petit baril surmonté d'une figurine, en cristal
de roche, monté en argent doré.

574 — Coupe ovale en agate d'Allemagne.

575 — Deux petits vases; l'un en cristal rose et l'autre
en pierre des Amazones; montés en cuivre
doré.

576 — Deux vases en lapis-lazuli, montés en cuivre
doré.

577 — Deux petits vases, l'un en albâtre oriental et
l'autre en arragonite verte.

578 — Deux piédestaux et un fragment de vase en
cristal de roche.

579 — Bourse de quête, du temps de Louis XV, brodée
en fin.

580 — Deux petits compotiers : l'un en porcelaine de
Sèvres, l'autre en bleu de Perse; et un encrier en étain avec sujets en relief.

HUITIÈME VACATION.

Jeudi soir, 17 décembre.

Miniatures, gouaches, etc.

581 — Vingt-deux cadres à miniatures en bois noir et en bois doré.

582 — Sept cadres à miniatures en cuivre doré.

583 — Huit cadres *dito*, en bois sculpté et doré, et autres.

584 — Sept *dito*, de diverses formes, en cuivre doré.

585 — Cinq *dito*, ronds et ovales en cuivre doré.

586 — Deux *dito*, ovales, avec guirlandes en cuivre doré.

587 — Deux *dito*, du temps de Louis XIII, en cuivre doré.

588 — Deux *dito*, un ovale et un carré en cuivre doré.

589 — Un album chinois, fleurs, oiseaux et personnages brodés en soie, et quatre dessins sur maille de bambou.

590 — Quatre livraisons des Vues de Londres, des dessins indiens, deux gouaches chinoises et un lot de petites gravures.

591 — Vingt-sept dessins et miniatures, et quinze petites grisailles sous verre, provenant d'anciens boutons d'habits.

592 — Cinq miniatures, dont une grisaille peinte par Parant.

593 — Six portraits miniatures : quatre de femmes et deux d'hommes, Marmontel et Colbert.

594 — Trois miniatures : un portrait d'homme, la
Vierge et l'Enfant Jésus, peinture sur marbre, et un saint Évangéliste.

595 — Cinq miniatures : portraits d'hommes et de
femmes.

596 — Quatre *dito* : portraits et sujets.

597 — Quatre petites gouaches très-fines pour dessus
de tabatières.

598 — Cinq fixés, représentant divers sujets et paysages.

599 — Trois miniatures diverses.

600 — Une miniature indienne sur ivoire, et deux
peintures chinoises sur verre.

601 — Quatre petites gouaches et une grisaille, pour
tabatières.

602 — Deux grisailles, dont une par Dégaux ; quatre
miniatures sur ivoire, et trois petits fixés.

603 — Deux petites gouaches par Bazin, représentant
des combats du temps de l'empire, avec en-
tourages en cuivre émaillé sur fond d'ébène.

604 — Un fixé, représentant la Présentation au Temple,
cadre en cuivre et ébène.

605 — Fixé par Taunay, scène des Plaideurs, et une
jolie petite peinture, par Frognard : scène
galante.

606 — Deux portraits miniatures, dans des cadres en
cuivre doré, dont un d'après Rubens.

607 — Peinture à l'huile sur lapis-lazuli : l'Annonciation.

608 — Deux portraits miniatures à l'huile, cadres en
cuivre doré.

609 — Quatre mosaïques de Rome : ruines et animaux.

610 — Quatre miniatures : le portrait de Vanlo, celui du grand-duc de Berg, enfant, etc.; cadres en bois et en cuivre.

611 — Cinq mosaïques de Florence, représentant des oiseaux et des papillons.

612 — Deux mosaïques de Rome : paysage et ruines.

613 — Trois sujets vernis de Martin, dans des cadres en cuivre doré.

614 — Quatre portraits miniatures, dans des cadres en cuivre doré.

615 — Les portraits en miniature de madame Dubarry et d'Héloïse, dans des cadres riches en cuivre doré.

616 — Cinq portraits miniatures, dans des cadres en bois et en cuivre.

617 — Deux portraits miniatures, dont celui de mademoiselle Dalhé, par Hall.

618 — Quatre *dito*, deux d'hommes et deux de femmes.

619 — Trois *dito*, d'hommes et enfant.

620 — Deux *dito*, peints sur émail, dont un avec cadre en ivoire sculpté.

621 — Quatre petits émaux sur cuivre, dont un représente la Sainte-Famille.

622 — Un vase de fleurs, peinture sur émail, et une plaque émaillée avec dessins d'or et verts sur fond blanc.

623 — Miniature représentant Mars et Vénus, cadre en cuivre doré; et une grisaille, jeux d'enfants, cadre en écaille et cuivre.

624 — Trois portraits en miniature, dont un par mademoiselle Greuse.

625 — Trois *dito*, avec cadres en cuivre doré.

626 — Trois *dito,* dans des cadres en bois doré.

627 — Le portrait de Galilée, jolie miniature dans un cadre en bois noir.

628 — Trois portraits peints à l'huile ; deux sur cuivre et un sur argent : ce dernier a un cadre en bois sculpté.

629 — Deux jolis portraits, homme et femme, peintures à l'huile sur cuivre, cadres en bois doré.

630 — Deux têtes d'enfants, par Fragonard, cadres en cuivre doré.

631 — Peinture à l'huile, par Guérin, représentant Vulcain donnant à Thétis, mère d'Achille, les armes qu'il avait forgées pour lui.

632 — Deux miniatures représentant, l'une une jeune fille, et l'autre saint Joseph et l'Enfant Jésus ; cadres en cuivre doré.

633 — Deux têtes d'enfants, par Fragonard, cadres en bois doré.

634 — Deux portraits, dont celui de M. le comte d'Argenson, cadres en cuivre.

635 — Deux petits bas-reliefs en terre cuite, dont une bacchanale.

636 — Quatre miniatures : portraits de femmes, cadres en cuivre doré.

637 — Le portrait de Catherine de Russie, bas-relief en écaille, une petite médaille en argent et deux médaillons, représentant Marie-Thérèse d'Autriche et Joseph II.

638 — Deux fixés, et une miniature : paysage et scène flamande, cadres en cuivre.

639 — Deux fixés rehaussés d'or : un buveur, deux Orientaux.

640 — Bas-relief en cuivre colorié : l'Adoration des Mages.

641 — Deux miniatures : Louis XIV et madame de Montespan, et un portrait de femme.

642 — Trois portraits d'homme.

643 — Le portrait de Louis XV, et celui de M. de La-popelinière, broderie en soie et argent.

644 — Album de dessins chinois : cérémonies du pays.

645 — *Dito,*   *dito* : instruments de musique.

646 — Recueil de vingt-sept dessins, représentant des combats et faits d'armes du xvᵉ siècle, de la famille Roualt de Gonaelh.

647 — Un lot de six cadres à miniatures, en cuivre doré, avec ornements ciselés.

648 — Autre lot de neuf cadres à miniatures, en cuivre doré.

NEUVIÈME VACATION.

Vendredi matin, 18 décembre.

649 — Un lot de pandeloques de lustre, en cristal de roche.

650 — Huit pièces en cristal de roche : pommes de cannes, manches de cachets, etc.

651 — Sept socles en cristal de roche.

652 — Un lot d'émaux et pierres fausses.

653 — Vingt-quatre pièces diverses en cristal de roche.

654 — Six éventails et débris.

654 *bis.* — Vingt-sept débris de plaques, en fer damasquiné d'or.

655 — Environ quatre-vingts pierres taillées, cristaux, améthystes, etc.

656 — Dix-huit *dito.*

657 — Quatorze cristaux taillés et le modèle du Régent en strass.

658 — Un lot composé de grains de chapelets en améthyste, lapis, grenat, agate et jayet.

659 — Un collier et une croix en jaspe sanguin.

660 — Un chapelet en jaspe sanguin.

661 — Trois couteaux en fer gravé, et un petit bas-relief en fonte de fer.

662 — Quatre-vingt-huit boutons en acier, taillés à pointe de diamant.

663 — Deux glands et un tablier en verroterie, une ceinture en soie et autres pièces.

664 — Dix-huit petits bracelets chinois en verroterie, six feuilles de fard de la Chine, et un paquet de papier de moelle de diverses couleurs.

665 — Douze pièces émaillées sur cuivre, et un petit bas-relief en coco.

666 — Huit *dito*, dont une boîte de montre et une petite cassolette montée en argent.

667 — Trois cadres en cuivre émaillé, dont un avec une miniature : saint François.

668 — Cadre ovale en émail de Limoges, orné de quatre médaillons avec sujets de sainteté, et une plaque d'arabesques émaillées sur fond doré.

669 — Trois flacons et deux manches de couteaux en verroterie de Venise.

670 — Trois éventails, dont deux avec peintures sur

ivoire, et un en nacre de perle découpé à jour.

671 — Une poignée d'épée, en fer ciselé et doré.

672 — Six pierres gravées, intailles sur jaspe, jade sanguine, plasma, etc.

673 — Trois petits chapelets en lapis, avec grains d'or et pierres fines.

674 — Trois camées agate, représentant des bustes d'hommes et de femme, montés en bagues d'or.

675 — Trois bagues avec intailles sur calcédoine et cornaline.

676 — Quatre bagues, dont deux en or émaillé avec camées.

677 — Camée sur agate, représentant le buste de Mars casqué, monté en bague.

678 — Trois bagues avec intailles, dont une sur chrysoprase représente Vénus sur un dauphin.

679 — Collier en lapis avec fermoir en or.

680 — Trois bagues avec camées, dont un représente une tête de nègre.

681 — Cinq *dito*, dont trois avec agates figurées; un labrador et un buste d'homme sur fond de lapis.

682 — Trois cornalines, intailles montées en bagues.

683 — Six bagues, dont deux en or émaillé, avec topazes.

684 — Deux camées en agate : l'un représente le buste de Mars, et l'autre celui d'un empereur romain.

685 — Trois camées en agate, montés en bagues.

686 — Trois cornalines, intailles montées en bagues.

687 — Quatre bagues : deux avec turquoises, une avec camée sur sardoine, et une queue de paon.

688 — Deux camées sur agate, dont un représente Vénus sortant des eaux, montés en bagues.

689 — Cinq bagues, dont deux sont gothiques.

690 — Quatre bagues en or émaillé : les unes sont ornées de rubis, les autres de perles fines.

691 — Trois camées du XVIe siècle, montés en bagues; deux têtes d'empereurs romains, et un sujet historique.

692 — Quatre bagues, avec onyx, camée et intaille.

693 — Trois *dito*, une avec tête de chien sur sardoine: une avec saphir, et une en argent avec boussole à l'intérieur du chaton.

694 — Petite corbeille en filigrane d'argent doré.

695 — Un plateau en argent repoussé.

696 — Coupe à deux anses, en argent repoussé et doré.

697 — Trois petits pieds en argent, dont un est orné d'arabesques gravées et ciselées.

698 — Trois médailles en argent : deux sont dorées et offrent des armoiries et inscriptions.

699 — Trois petites rosaces antiques en or, avec verroteries incrustées.

700 — Deux plaques d'épingles antiques en or, avec incrustation de verroterie.

701 — Huit pièces en or, provenant de bijoux antiques.

702 — Onze petits bijoux antiques en or.

703 — Six boucles d'oreilles antiques en or.

704 — Un griffon et une boule antiques en or.

705 — Neuf bijoux antiques en or.

706 — Douze *dito,* *dito.*

707 — Trois colliers antiques en or, dont un avec des
grains de verroterie.

708 — Une fibule en or, ornée de deux fleurs, l'une en
plasma, l'autre en améthyste.

709 — Trois couteaux, dont un a le manche en jaspe
vert.

710 — Quatre étuis en vernis de Martin, de diverses
couleurs.

711 — Quatre écoinçons de cadre avec arabesques du
XVIe siècle, en argent doré.

712 — Couteau oriental, lame en damas et manche en
lapis orné d'un rubis, le fourreau garni en
argent doré.

713 — Couverture de livre en argent doré et repoussé,
ornée d'arabesques et des figures de la Foi,
l'Espérance et la Charité.

714 — Une ceinture en argent doré, ornée de mascarons et d'ornements en relief et découpés à
jour.

715 — Diptyque en filigrane d'argent, renfermant deux
plaques niellées représentant la Nativité et
l'Annonciation.

716 — Médaillon en ébène, garni en argent, avec miniatures et cristaux de roche, et un papillon
en agate, incrusté dans une plaque de cristal
de roche.

717 — La mise au tombeau, bas-relief sous une ogive
gothique, en argent doré.

718 — Petit reliquaire en cristal de roche, garni en or
émaillé.

719 — Plaque d'émail du XVIe siècle, avec sujet en relief représentant une bataille.

720 — Deux cuillers : l'une en argent doré, avec manche émaillé ; l'autre en cristal de roche, le
manche en cuivre doré.

721 — Jolie boîte ronde en jaspe sanguin, montée en
or. Cette boîte a appartenu à madame Vic-
toire, fille de Louis XV.

722 — Deux cariatides en argent doré, travail du
XVIe siècle.

723 — Une scène du déluge, gravure en creux, sur
plaque ronde en cristal de roche.

724 — Une paire de boucles d'oreilles en filigrane de
Gênes, en or.

725 — Petite figurine de Christ, en argent doré.

726 — Deux petits reliquaires en or émaillé, représentant, l'un le Christ au tombeau, et l'autre
le Saint-Sacrement.

727 — Croix ouvrante en cristal de roche, garnie en
filigrane d'argent, et une petite paix en argent doré, renfermant une croix en perles
enrichie d'une rose.

728 — Deux plaques en cristal de roche, avec sujets
gravés en creux : le Crucifiement et le char
du soleil, avec signes du zodiaque.

729 — Une chaîne de chevalier, avec fermoir, et ornée
de huit chatons niellés.

730 — Deux bracelets indiens et une bague, ornés de
rubis et pierres fines, montés en or.

731 — Quatre pièces en cristal de roche, gravées en
creux, et une petite boussole.

732 — Une cuillère en cornaline, avec manche en sardonyx, deux petites pommes de cannes en
mosaïque, et une pierre des Amazones.

733 — Deux étuis en porcelaine de Saxe, garnis en or.

734 — Mosaïque en nacre de perle, sur fond de pierre de Florence, avec cadre en lapis.

735 — Quatre pièces, dont deux flacons, l'un en lapis, l'autre en agate, montés en argent; une petite coupe en agate, et une pendeloque en cristal garnie en argent.

736 — Un petit socle et une petite console en lapis, montés en or; une boule en jaspe sanguin, et un socle en verre imitant le lapis.

737 — Deux drageoires et une râpe à tabac, en fer damasquiné d'or et et d'argent.

738 — Dix-sept petites pièces en bronze tonkin, représentant des personnages et des animaux.

739 — Douze pièces en matières diverses : cornaline, jaspe sanguin, agate, etc.